_____학년 _____반

이름_____

▶ **초등 과학 교과 연계**

3학년
1학기 3. 동물의 한살이
2학기 1. 동물의 생활

5학년
1학기 5. 다양한 생물과 우리 생활
2학기 2. 생물과 환경

▶ **정보 제공 및 내용 감수에 참여한 국립생태원 임직원**
김영중(복원연구실)
박진영(생태조사연구실)
반영규(생태안전연구실)
조영호(경영기획실)
한용구(생태조사연구실)
홍의정(생태조사연구실)

미래 생태학자를 위한 **사슴벌레 탐험북**

발행일 2020년 9월 1일 초판 1쇄 발행 / 2024년 3월 15일 초판 3쇄 발행

엮음 국립생태원
그림 이탁근
발행인 조도순
책임편집 유연봉 | **편집** 안정섭 | **본문구성·진행** 김혜영, 최문영
디자인 스튜디오 서로 | **사진** 국립생태원(조영호), 김진, Shutterstock, Wikimedia Commons
발행처 국립생태원 출판부 | **신고번호** 제 458-2015-000002호(2015년 7월 17일)
주소 충남 서천군 마서면 금강로 1210 / www.nie.re.kr
문의 041-950-5999 / press@nie.re.kr

ⓒ 국립생태원 National Institute of Ecology, 2020
ISBN 979-11-90518-85-7 73400

※ 이 책에 실린 모든 글과 그림을 저작권자의 허락 없이 무단으로 사용하거나
복사하여 배포하는 것은 저작권을 침해하는 것입니다.

▲ **주의** 다칠 우려가 있습니다. 본 교재를 던지거나 떨어뜨리지 않도록 주의하십시오.
고온 다습한 장소나 직사광선이 닿는 장소에는 보관을 피해 주십시오.

미래 생태학자를 위한

사슴벌레
탐험북

국립생태원 엮음

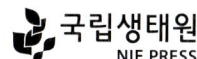

머리말

안녕하세요, 미래 생태학자를 꿈꾸는 어린이 여러분! 참나무 숲의 제왕 장수풍뎅이와 쌍벽을 이루는 사슴벌레를 본 적이 있나요? 사슴벌레는 머리 양쪽으로 날카롭고 늠름하게 난 큰턱이 무엇보다 매력적이지요. 크게는 곤충에 속하고, 그 안에서도 온몸이 단단한 딱정벌레에 속해요. 장수풍뎅이와 함께 우리 어린이 친구들에게 인기가 정말 많지요.

원래 우리나라 숲에서 가장 크고 가장 강한 곤충은 장수하늘소였어요. 하지만 안타깝게도 점점 그 수가 줄어들어서 지금은 천연기념물로 지정되었어요. 그 빈 자리를 채운 것이 바로 사슴벌레와 장수풍뎅이랍니다. 둘은 장수하늘소의 뒤를 이어 숲의 1등 자리를 두고 다투고 있어요.

전 세계에 있는 사슴벌레는 1,500여 종이에요. 그중에서 우리나라에 사는 사슴벌레는 20여 종이지요. 종류에 따라 크기와 큰턱의 모양이 다양하고 몸 색깔도 여러 가지예요. 사슴벌레는 대부분 야행성이고 주로 참나무 수액을 먹고 살아요. 참나무 수액을 먹을 때면 가장 좋은 자리를 두고 장수풍뎅이와 다툰답니다.

우리는 잘 모르는 것에는 관심도 생기지 않고 사랑할 수도 없어요. 사슴벌레를 포함해 우리와

함께 지구에서 살아가는 모든 생물들에 대해서도 마찬가지예요. 더 잘 알게 되면 될수록 점점 더 사랑스럽게 느껴지게 마련이지요.

이 책은 사슴벌레의 신비로운 생태를 공부하고 관찰하며, 채집하고 기를 수 있도록 이끌어 주어요. 이 책을 읽고 우리의 사랑스러운 친구 사슴벌레와 더욱 친해지고, 이 작지만 힘세고 매력적인 친구를 소중히 여기게 된다면 좋겠어요. 동물과 식물이 살지 못하는 환경에서는 사람도 살지 못해요. 자연과 사람이 더불어 살아갈 때 지속 가능한 미래를 만들어 나갈 수 있다는 것을 꼭 기억하세요.

자, 그럼 지금부터 '내가 바로 사슴벌레 박사!'라고 생각하며 신비한 사슴벌레의 세계를 함께 탐험해 볼까요?

국립생태원장 박용목

차례

사슴벌레 탐구하기

10 내가 이 구역 대장이야!
12 사슴벌레는 딱정벌레예요
14 딱정벌레를 인터뷰해요
16 사슴벌레의 몸 구조
18 **생각 더하기** 사슴벌레와 장수풍뎅이의 다른 점

사슴벌레의 종류 _{우리나라}

22 왕사슴벌레 우리나라에서 가장 오래 살아요
24 애사슴벌레 작고 귀여워요
26 넓적사슴벌레 집게처럼 커다란 턱을 가지고 있어요
28 톱사슴벌레 턱에 기다란 톱을 단 것 같아요
30 사슴벌레 전쟁할 때 머리에 쓰는 투구를 쓴 듯해요
31 홍다리사슴벌레 다리가 붉은색이에요
32 털보왕사슴벌레 온몸이 털로 덮여 있어요
33 두점박이사슴벌레 검은 점이 두 개예요
34 그 밖의 사슴벌레들

사슴벌레의 종류 _{세계}

- 38 안테우스왕사슴벌레 사슴벌레계의 거인이에요
- 39 메탈리퍼가위사슴벌레 거대한 가위를 단 것 같아요
- 40 기라파톱사슴벌레 세계에서 몸길이가 가장 길어요
- 41 패리큰턱사슴벌레 성질이 사납고 난폭해요
- 42 그 밖의 사슴벌레들

사슴벌레의 한살이

- 46 짝짓기를 하고 알을 낳아요
- 48 애벌레가 나무속에서 점점 자라나요
- 50 번데기에서 어른벌레가 되어요
- 52 **생각 더하기** 사슴벌레의 천적

사슴벌레 기르기

- 56 사슴벌레 관찰하고 채집하기
- 58 사육 상자 꾸미기
- 60 집에서 사슴벌레 기르기

스스로 연구하기

- 64 관찰 일지를 써 보세요
- 66 사슴벌레로 실험해 봐요
- 68 더 궁금한 것을 묻고 답해요
- 70 사슴벌레 탐구 활동을 해 보세요

사슴벌레 탐구하기

사슴벌레는 장수풍뎅이와 함께
아이들에게 가장 큰 관심을 받는 곤충이에요.
머리 양쪽으로 날카롭고 늠름하게 난 큰턱이
무엇보다 매력적이지요. 사슴벌레는 크게는 곤충에 속하고,
그 안에서도 온몸이 단단한 껍데기로 싸여 있는
딱정벌레에 속해요.
지금부터 사슴벌레가 속한 딱정벌레의 특징과 함께
사슴벌레의 기본 정보들을 모두 알아볼까요?

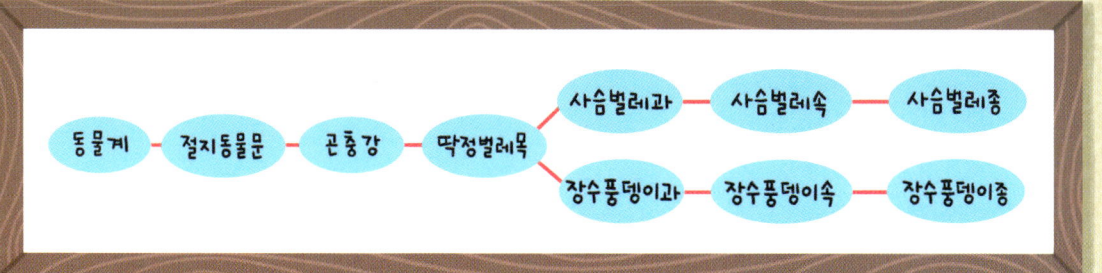

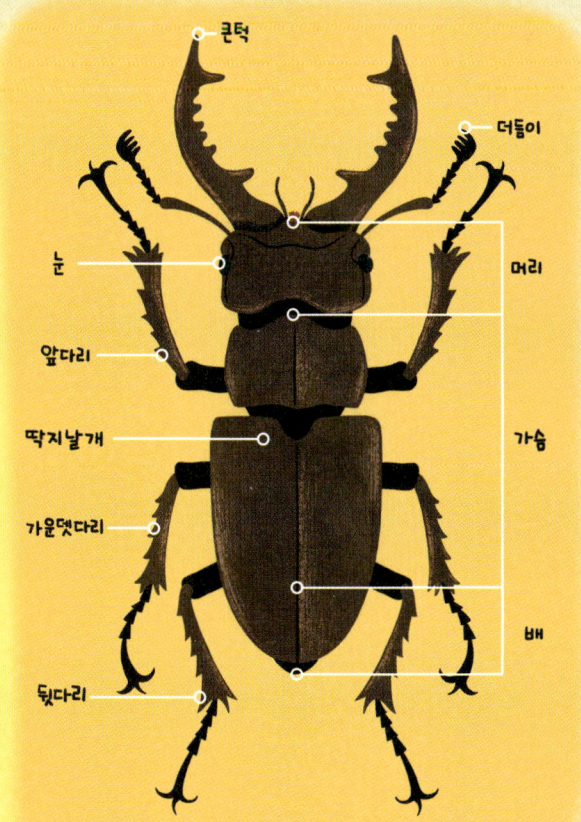

내가 이 구역 대장이야!

사슴벌레 수컷들의 대결

나무 위에서 큰일이 벌어졌어요. 사슴벌레 수컷 두 마리가 싸움을 곧 시작하려는 듯 쏘아보며 서로 다가가더니, 큰턱을 맞부딪히며 힘겨루기를 시작했거든요. 과연 누가 이길까요?

두 수컷 사슴벌레는 힘을 겨루다가 큰턱으로 상대편을 잡아 내던지거나 나무에서 떨어뜨려요. 수컷들끼리 대결에서 누가 승리하느냐는 결국 큰턱이 얼마나 더 크고 강하냐에 달려 있어요. 사슴벌레 수컷은 장수풍뎅이 수컷과도 싸워요. 곤충의 세계에서 사슴벌레와 장수풍뎅이는 유명한 경쟁자랍니다.

무시무시하고 멋진 큰턱의 비밀

사슴벌레의 커다랗고 무시무시한 큰턱은 수컷에게서만 볼 수 있어요. 암컷도 큰턱이 있긴 하지만, 수컷에 비하면 길이가 아주 짧은 편이에요.

사슴벌레라는 이름은 큰턱이 마치 사슴뿔을

닮았다고 해서 붙은 이름이에요. 큰턱은 먹이를 먹을 때는 쓸모가 없고 싸울 때 무기로만 쓰여요.

사슴벌레의 종류에 따라 큰턱에 달린 이(내치) 수와 모양도 다양해요.

사슴벌레는 종류에 따라 큰턱의 모양도 여러 가지예요!

톱사슴벌레 — 톱처럼 생긴 큰턱을 갖고 있어요.

왕사슴벌레 — 큰턱이 둥글고 안으로 휘어 있어요.

애사슴벌레 — 몸집이 작아서 큰턱도 작은 편이에요.

먹이와 암컷을 차지하기 위한 대결

사슴벌레 수컷들이 싸우는 이유는 보통 먹이와 암컷을 차지하기 위해서예요. 대결에서는 몸집이 크고 큰턱이 강한 수컷들이 유리해요. 하지만 몸집과 큰턱이 작고 힘이 약한 수컷에게도 기회가 있어요. 다른 수컷들이 싸우는 동안 그 틈을 노려 먹이와 암컷을 차지하지요.

사슴벌레의 생태 속으로 출발!

사슴벌레는 늦은 봄부터 가을까지 우리 주변의 참나무류나 활엽수가 있는 곳에서 만날 수 있어요. 나무 수액을 주로 먹고 살지요. 요즘은 집에서 사슴벌레를 기르는 친구들도 많아요. 옆에서 직접 관찰한다면 생태를 공부하기 더욱 좋을 거예요. 이 책을 읽고 사슴벌레를 더 잘 알고 싶다면 여러분도 도전해 보세요.

사슴벌레는 커다랗고 단단한 몸, 무시무시한 무기인 큰턱이 정말 매력적인 곤충이에요. 수컷이 먹이와 암컷, 자기 영역을 지키기 위해서라면 자기 몸무게의 열 배가 넘는 물체도 내동댕이칠 정도로 큰 힘을 내는 것도요.

자, 지금부터 멋쟁이 사슴벌레를 만나러 가 볼까요?

사슴벌레는 딱정벌레예요

딱정벌레에 속하는 사슴벌레

곤충은 지구에 사는 모든 동물의 3분의 2를 넘을 만큼 수가 많고 종류도 다양해요. 사슴벌레는 곤충 중에서 어떤 종류에 속할까요? 바로 장수풍뎅이와 함께 딱정벌레 무리에 속한답니다.

딱정벌레 무리에 속하는 곤충들은 앞날개가 딱딱하다는 공통점을 가지고 있어요. 앞날개가 딱딱하게 굳은 딱지날개를 가진 곤충들을 모아 딱정벌레로 분류하지요.

곤충의 분류

수가 많고 다양한 곤충들은 생김새에 따른 공통점으로 분류할 수 있어요. 이렇게 분류한 것을 '목'이라고 불러요.

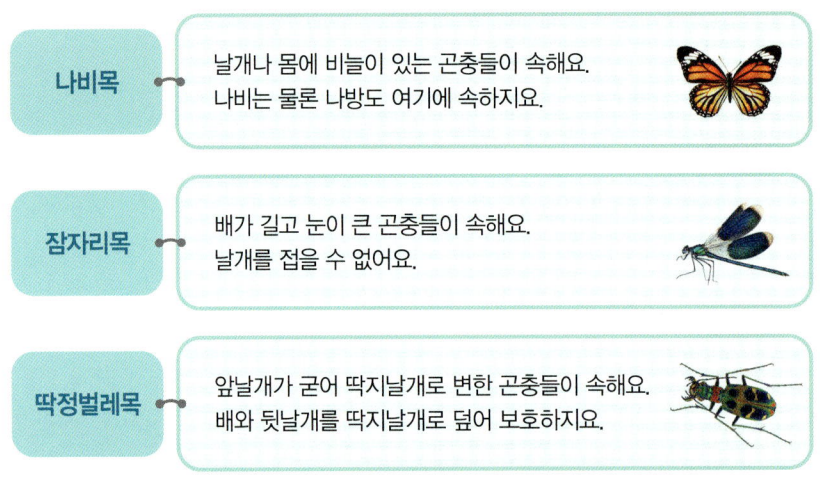

나비목 — 날개나 몸에 비늘이 있는 곤충들이 속해요. 나비는 물론 나방도 여기에 속하지요.

잠자리목 — 배가 길고 눈이 큰 곤충들이 속해요. 날개를 접을 수 없어요.

딱정벌레목 — 앞날개가 굳어 딱지날개로 변한 곤충들이 속해요. 배와 뒷날개를 딱지날개로 덮어 보호하지요.

이 밖에도 곤충은 30가지가 넘는 '목'으로 분류할 수 있답니다. 여기에서 비슷한 특징으로 나누고 또 나누어 80가지 무리로 더 분류한 것을 '과'라고 불러요. 톱사슴벌레를 이렇게 분류해 볼까요?

톱사슴벌레 분류표

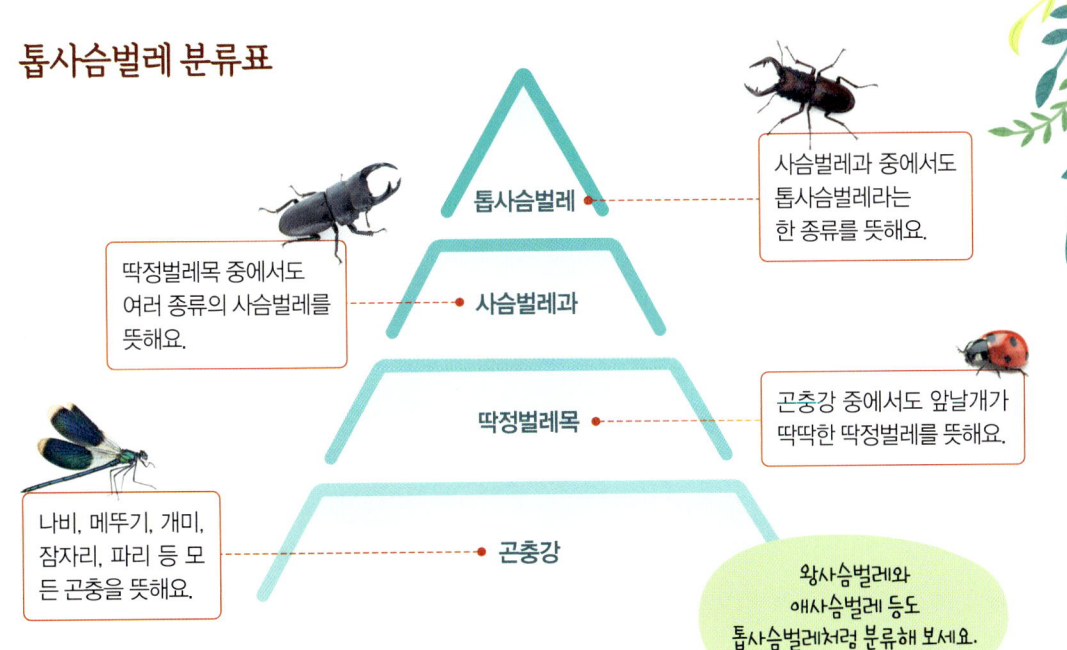

- 톱사슴벌레: 사슴벌레과 중에서도 톱사슴벌레라는 한 종류를 뜻해요.
- 사슴벌레과: 딱정벌레목 중에서도 여러 종류의 사슴벌레를 뜻해요.
- 딱정벌레목: 곤충강 중에서도 앞날개가 딱딱한 딱정벌레를 뜻해요.
- 곤충강: 나비, 메뚜기, 개미, 잠자리, 파리 등 모든 곤충을 뜻해요.

앞으로 왕사슴벌레, 넓적사슴벌레, 톱사슴벌레, 애사슴벌레, 메탈리퍼가위사슴벌레, 기라파톱사슴벌레 등 멋진 사슴벌레들을 많이 만날 거예요. 모두가 사슴벌레과라는 분류에서 나온 각각의 종류라는 것을 이제 알겠지요?

왕사슴벌레와 애사슴벌레 등도 톱사슴벌레처럼 분류해 보세요.

생물을 분류할 때는 계-문-강-목-과-속-종을 기본으로 사용해요.

비슷하면서도 다른 사슴벌레와 장수풍뎅이

사슴벌레와 장수풍뎅이는 같은 딱정벌레목에 속하지만, 그다음부터는 다르게 분류돼요. 두 곤충의 분류를 한눈에 살펴보아요.

거미류, 갑각류(게, 새우 등), 다지류(지네 등)처럼 몸이 딱딱한 외골격으로 싸이고, 몸과 다리에 마디가 있는 동물 무리를 절지동물이라고 해요. 곤충도 절지동물에 속해요.

딱정벌레를 인터뷰해요

사슴벌레와 장수풍뎅이가 속한 딱정벌레 집안 식구들에 대해서 더 알아볼까요? 곤충 중에서도 딱정벌레는 무척 중요해요. 전체 곤충에서 가장 많은 비중을 차지하기 때문이에요. 우리 주위에서 가장 흔한 곤충이라고 할 수 있어요.

지구에서 가장 번성한 딱정벌레 씨와의 인터뷰

우리 집안 식구들을 더 소개할게요.
생김새와 먹이가 비슷한 무리끼리 같은 식구로 묶으면,
다음과 같이 네 식구로 나누어지지요.

딱정벌레목

원시딱정벌레아목
아주 오래전 최초로 나타난 딱정벌레와 모양이 가장 비슷한 종류예요.

식육아목
육식을 하는 종류예요. 다른 곤충 같은 동물성 먹이를 먹어요.

풍뎅이아목
식물성과 동물성 먹이를 가리지 않고, 다양하게 먹는 종류예요. 수가 가장 많아요.

식균아목
곰팡이를 먹는 종류인데 좀 드물어요.

우리 친구들이 꼭 알아야 할 딱정벌레 씨들을 소개해 줄 수 있나요?

물론이죠. 우리 딱정벌레들을 꼭 기억해 줘요!

나도 잊지 말라고!

길앞잡이
다리가 길고 빠르며, 길을 안내한다는 뜻의 이름을 가졌어요.

장수하늘소
몸도 길고 더듬이도 길어요. 멸종위기 야생생물 I급으로 지정되었어요.

무당벌레
생김새가 동글동글해요. 진딧물을 잡아먹어서 식물들이 좋아해요.

비단벌레
반짝거리는 몸 색깔이 정말 예쁘죠?

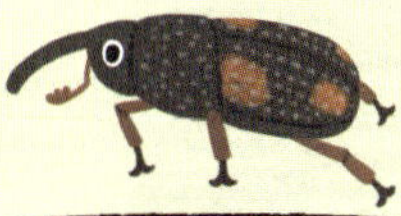

바구미
주둥이가 길어요. 구멍 뚫는 것이 특기예요.

물방개
난 물에 살아요. 헤엄치기 선수랍니다.

 **활동** 책이나 인터넷을 보고, 다양한 딱정벌레 종류들을 더 말해 보세요.

사슴벌레의 몸 구조

사슴벌레의 몸은 딱딱해서 마치 갑옷에 둘러싸인 것처럼 보여요. 날개는 총 4장이에요. 딱지날개로 불리는 앞날개 2장은 딱딱하고, 속날개로 불리는 뒷날개 2장은 부드러워요. 날아다닐 때는 속날개를 이용하고, 땅에 내려앉으면 속날개를 접어 딱지날개 밑에 넣지요.

다리는 6개이고, 수컷은 큰턱이 크게 발달해 있어요. 곤충의 입에는 큰턱과 작은턱이 있는데, 사슴벌레 수컷은 큰턱이 유난히 크고 사슴뿔을 닮았어요.

사슴벌레를 뒤집어 보면 이렇게 생겼어요.

머리 / 가슴 / 배

암컷은 수컷과 어떻게 다를까요?

다리는 이렇게 다시 구분할 수 있답니다.

암컷은 수컷보다 턱이 작아요. 뒤집어 보면 배에 잔털이 나 있답니다.

겹눈
빛을 느끼고 사물을 구분해요.

가운뎃다리

밑마디
가슴과 가까워요.
딱지날개에 가려 등 쪽에서는 보이지 않아요.

넓적다리마디
근육이 가장 발달해서 튼튼해요.

종아리마디
가시로 적을 막거나 더듬이를 손질해요.

발목마디
여러 마디로 나누어져 있어요.

발톱
날카로운 갈고리 모양으로 되어 있어, 나무에 오르거나 붙어 있을 수 있어요.

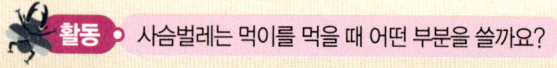 **활동** 사슴벌레는 먹이를 먹을 때 어떤 부분을 쓸까요?

답. 큰턱으로 수액이나 과즙을 먹어요. 큰턱은 수컷이 클 때도 쓰여요.

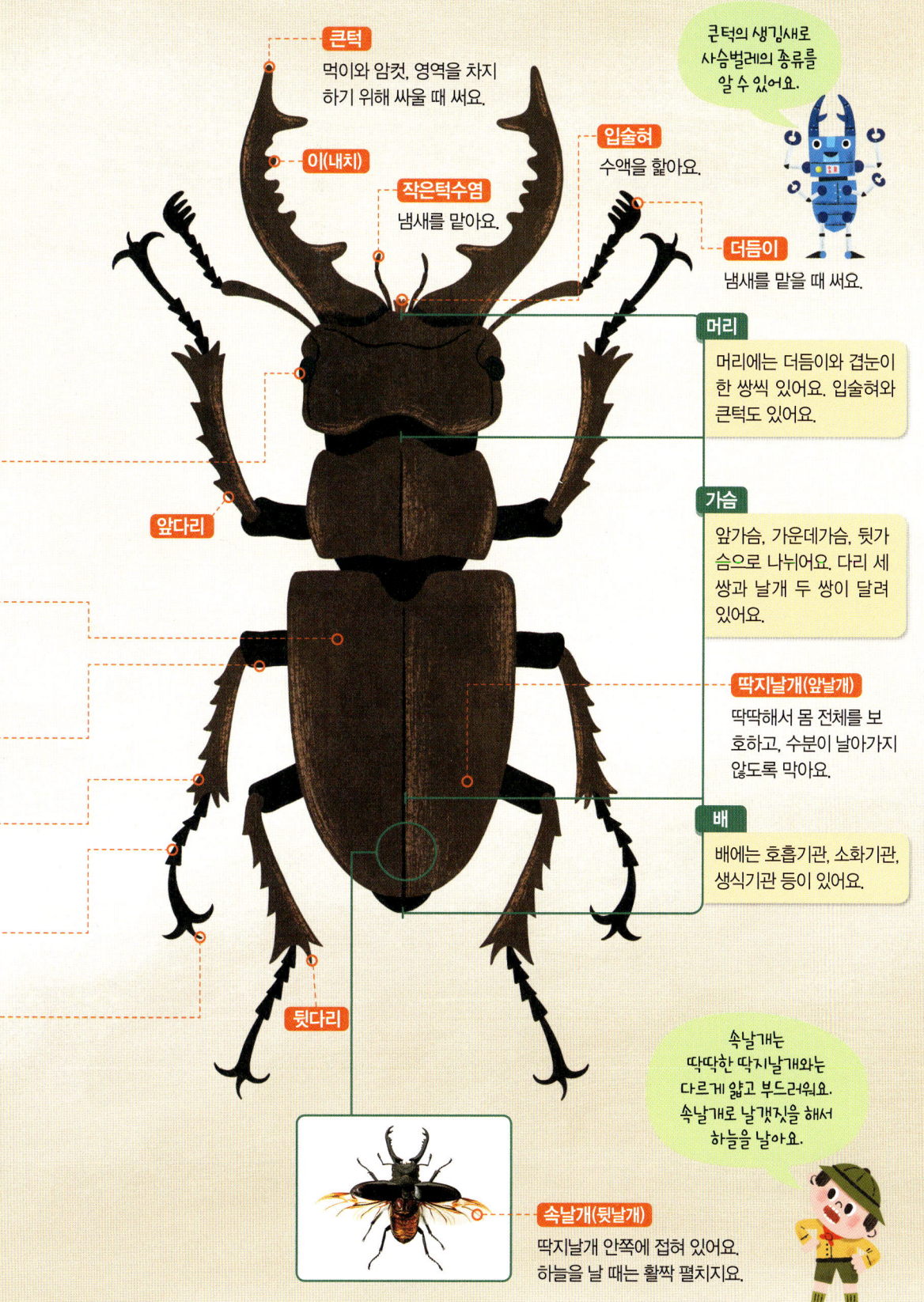

17

생각 더하기

사슴벌레와 장수풍뎅이의 다른 점

사슴벌레와 장수풍뎅이는 각각 커다란 턱과 뿔이 있고, 다른 곤충들보다 몸집도 커서 생김새가 무척 매력적이에요. 자기 영역을 지키기 위해 끝까지 싸우는 모습 또한 인상적이랍니다. 그래서인지 어린이들이 집에서 키우며 생태를 관찰하고 싶어 하는 곤충으로도 손꼽혀요.

사슴벌레와 장수풍뎅이는 이처럼 공통점이 많아요. 하지만 다른 점도 많답니다. 어떻게 다른지 살펴볼까요?

> 사슴벌레 애벌레는 썩은 나무를 먹고 사라고, 장수풍뎅이 애벌레는 썩은 나무와 부엽토를 먹으며 자라요. 사슴벌레와 장수풍뎅이 모두 어른벌레는 나무 수액을 먹고 살지요. 부엽토는 풀이나 낙엽 등이 썩어서 된 흙이에요.

사슴벌레

수컷의 큰턱이 사슴뿔을 닮았다고 해서 사슴벌레로 불려요.

전 세계에 약 1,500종이 살아요. 우리나라에는 16~20종이 사는 것으로 알려져 있어요.

큰턱을 포함해서 수컷의 몸길이는 17~118밀리미터 정도예요.

동남아시아나 남아메리카에서 주로 살아요. 참나무 수액을 좋아해서 참나무 숲에 많이 모여 살지요.

종류에 따라 큰턱의 크기는 다르지만, 크기가 작더라도 매우 날카롭기 때문에 물리면 아파요.

사슴벌레 수컷

장수풍뎅이 수컷

사슴벌레는 몸이 납작해서 나무 틈 사이에도 잘 들어가요. 그래서 적이 나타나도 안전하게 피할 수 있어요.

사슴벌레와 장수풍뎅이의 가장 큰 차이점은 뭐니 뭐니 해도 커다란 턱과 뿔이에요.

장수풍뎅이

풍뎅이 가운데 가장 크고 힘이 세다고 해서 장수풍뎅이로 불려요.

전 세계에 174종이 있는 것으로 알려져 있어요. 우리나라에는 3종이 살고 있지요. 남아메리카에 특히 많은 종류가 살고 있다고 해요.

머리뿔을 포함해서 수컷의 몸길이는 20~180밀리미터 정도예요.

주요 서식지는 동남아시아나 남아메리카예요. 상수리나무나 졸참나무 수액을 좋아해서 이런 나무가 있는 곳에서 자주 볼 수 있어요.

장수풍뎅이는 일본에서는 투구벌레 또는 투구풍뎅이로 불려요.

힘이 세요. 자기 몸무게의 50배가 넘는 것도 끌거나 들어 올릴 수 있어요.

사슴벌레의 종류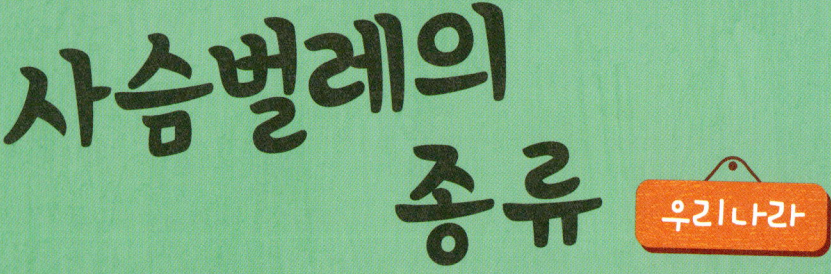

사슴벌레는 세계적으로 약 1,500종이 있다고 해요.
그중 우리나라에는 16~20종이 분포한다고 알려져 있어요.
우리나라에 서식하는 장수풍뎅이가 단 3종인 데 비하면
많은 편이에요. 높은 산이나 섬을 조금 더 연구한다면
우리나라에 사는 사슴벌레 종류를
더 찾을 수 있을 거라고 해요.
지금부터 우리 주변에서 흔히 볼 수 있는 사슴벌레부터
좀처럼 보기 힘든 사슴벌레까지,
우리나라에 사는 사슴벌레들을 만나 볼까요?

왕사슴벌레 우리나라에서 가장 오래 살아요

평균 수명이 3~4년 정도로, 우리나라에 사는 사슴벌레 중에서 가장 오래 사는 종류예요. 수컷의 몸길이는 보통 5센티미터 정도로 크기가 큰 종류 중 하나이기도 해요. 어떤 수컷은 7센티미터까지 크기도 하지요. 수컷의 큰턱은 외래종과 비교하면 길지는 않지만, 아주 튼튼하고 다부지게 생겼답니다.

우리나라와 일본에서는 가장 대표적인 애완 곤충일 만큼 인기가 높지요. 성격도 비교적 온순한 편이에요. 참나무류를 먹이로 삼기 때문에 참나무들이 많은 숲에서 주로 볼 수 있지만, 도시화로 숲이 파괴되면서 그 수가 크게 줄어들었어요. 그래서 요즘은 보호해야 한다는 목소리가 높아지고 있어요.

우리나라의 사슴벌레 중 가장 오래 살고 크기도 커요!

- **분 포** 우리나라, 일본, 중국
- **몸 길 이** 수컷 27~70mm, 암컷 24~40mm
- **활동 시간** 밤
- **서 식 지** 참나무류 숲

* 몸길이는 큰턱을 포함한 길이입니다.

일본의 왕사슴벌레 대회

일본에서는 해마다 왕사슴벌레 사육 경연 대회를 열어서 그해의 왕사슴벌레 챔피언에게 매우 큰 상과 상금을 주어요. 해마다 수백 명의 곤충 사육가들이 이 대회에 참여한답니다.

　수컷의 큰턱은 안쪽으로 둥글게 휘어져 있고, 안쪽에 큰 이가 한 개 나 있어요. 몸은 검은색으로 반짝거리지요. 암컷은 딱지날개에 세로줄이 길게 나 있어요. 암컷의 턱은 짧지만 끝이 날카로워서 나무에 구멍을 내고 알을 낳기 편하게 되어 있어요.

　왕사슴벌레 어른벌레는 주로 5~8월에 참나무류 숲에서 활동해요. 애벌레 시기에는 썩은 참나무를 파먹으며 자라는데, 썩은 참나무의 윗부분에서 사는 경우가 많아요. 이곳에서 사는 이유는 햇볕이 잘 들고 수분이 적기 때문이라고 해요. 다 자라서 어른벌레가 된 뒤에는 참나무류의 수액을 먹지요.

　왕사슴벌레는 야행성이라서 낮에는 나무 구멍이나 땅속에 숨어 있어요. 밤이 되어야 참나무 수액을 먹으러 모여든답니다.

애사슴벌레 작고 귀여워요

사슴벌레 중 몸집이 작은 편에 속해요. 다른 사슴벌레에 비해 작아서 귀엽지요. 평균 수명은 1~2년 정도예요. 애사슴벌레는 우리나라 전국 어디에서든 쉽게 만날 수 있고 중국, 일본, 대만에도 살고 있어요. 상수리나무, 졸참나무, 떡갈나무, 메밀잣나무 등 나무를 거의 가리지 않고 여러 활엽수에 알을 낳지요.

다른 사슴벌레보다 큰턱이 작거나 가느다란 편이지만, 턱 끝이 매우 날카롭고 싸울 때는 공격성이 대단해요.

분 포	우리나라, 일본, 중국, 대만
몸 길 이	수컷 17~32mm 암컷 12~28mm
활동 시간	밤
서 식 지	활엽수가 있는 숲

애사슴벌레의 똑똑한 살아남기!

위험이 닥치면 좁은 곳으로 바로 피할 수 있다고!

몸이 작고 납작해서 나무 틈 등 좁은 곳에도 잘 숨을 수 있어요.

애벌레도 작아서 좁은 틈 사이에서도 문제없지!

애벌레도 작아서 아주 좁은 나무 틈에서도 잘 자라요.

우린 까다롭지 않아. 어떤 나무에서든 잘 살지.

알을 낳고, 먹이로 삼는 나무도 다양해서 잘 살아남을 수 있지요.

애사슴벌레와 넓적사슴벌레의 크기 비교

넓적사슴벌레는 우리나라에서 가장 큰 종이고, 애사슴벌레는 작은 종이에요.

넓적사슴벌레 수컷

큰턱이 가늘고 앞으로 길게 뻗어 있어요. 큰턱 가운데쯤에 큰 이가 한 개 있어요.

애사슴벌레 수컷

와! 크기가 이렇게 많이 차이가 나네요. 애사슴벌레는 작아서 귀엽게 보여요.

수컷의 큰턱은 작고 가늘어요. 큰턱 가운데에 큰 이가 한 개 있는데, 수컷의 몸집이 작을수록 큰턱도 작고 이도 작아서 눈에 잘 띄지 않는답니다. 하지만 큰턱 끝은 화살촉처럼 아주 날카로워서 물리면 무척 아파요. 몸 색깔은 수컷과 암컷 모두 흑갈색이고 반짝이는 광택은 거의 없어요.

암컷의 몸에는 아주 작은 점이 많이 나 있어요. 또 딱지날개 왼쪽과 오른쪽이 붙어 있는 부분에 선명하게 선이 그려져 있어서 다른 사슴벌레 암컷과 쉽게 구분할 수 있지요. 신갈나무, 갈참나무, 버드나무, 오리나무, 팽나무, 감나무 등 나무 종류를 크게 가리지 않고 알을 낳아요.

애사슴벌레는 6~9월에 주로 활동해요. 낮에는 나무 틈이나 낙엽 아래 숨어서 지내다가 밤이 되면 나무 수액에 모여들어요. 숲 근처의 가로등 주변에서 쉽게 관찰할 수 있답니다.

애사슴벌레 암컷
몸에 작은 점이 가득 나 있고, 딱지날개 가운데에 굵게 선이 그려져 있어요.

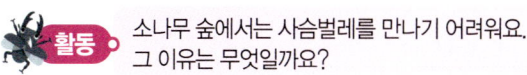

활동 소나무 숲에서는 사슴벌레를 만나기 어려워요. 그 이유는 무엇일까요?

답 사슴벌레는 주로 참나무류의 수액을 먹고 살고, 그 아래에 알을 낳거든요. 즉, 참나무가 있는 숲에 주로 사는 것이지요.

넓적사슴벌레   집게처럼 커다란 턱을가지고 있어요

우리나라에 사는 사슴벌레 중 가장 크기가 크고 대표적인 사슴벌레예요. 옛날에는 흔히 볼 수 있어서 아이들이 넓적사슴벌레를 잡아서 싸움을 붙이며 놀았다고 해요. 그래서 '집게벌레'라는 별명도 가지고 있어요. 크기가 클 뿐만 아니라 무척 활발하고, 싸울 때는 매우 난폭하답니다.

그러나 현재 서울에서는 보호해야 할 야생생물로 지정되어 있어요. 불빛을 향해 날아오는 습성 때문에 도시의 가로등 근처에서 사람과 차에 깔려 죽는 경우가 많거든요.

분　　포	우리나라, 대만, 일본, 중국, 인도차이나반도
몸 길 이	수컷 38~85mm 암컷 28~44mm
활동 시간	밤
서 식 지	활엽수가 있는 숲

넓적사슴벌레의 엄청난 크기!

- 수컷 중 커다란 것은 몸길이가 8센티미터를 넘어요.
- 집게처럼 커다란 큰턱의 길이만 2~4센티미터로 작은 사슴벌레 몸집만 하지요.

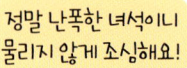

건들기만 해도 물어 버려요!

- 잘못 건드리면 물어뜯으려고 달려드는 수가 있으니, 조심해야 해요.

정말 난폭한 녀석이니 물리지 않게 조심해요!

너무 사나워서 수컷끼리는 함께 두면 안 된대요.

크기가 작은 수컷은 큰 수컷보다 몸에 광택이 더 많이 나요.

수컷에 비해 큰턱이 짧지만 날카로워서 구멍을 잘 뚫을 수 있어요.

넓적사슴벌레의 수명은 1~2년이고, 참나무 수액뿐만 아니라 푹 익은 과일도 좋아해요.

수컷

암컷

　　수컷과 암컷 모두 몸 색깔이 흑색이에요. 수컷은 몸의 광택이 약하지만 암컷은 몸 전체에서 광택이 나요. 크기가 크고 다른 종에 비해 납작해요. 넓적사슴벌레라는 이름도 이 모습에서 유래한 것으로 보여요.

　　수컷의 큰턱을 자세히 살펴볼까요? 길고 굵게 앞으로 뻗은 큰턱의 3분의 1쯤 되는 부분에 큰 이가 나 있어요. 또 거기서부터 턱의 끝까지 작은 이가 여러 개 더 나 있어서 마치 톱처럼 보여요. 수컷의 큰턱과 큰 이에 물리면 크게 다칠 정도로 무는 힘이 아주 세답니다. 암컷 역시 무는 힘이 강하고 한번 물면 잘 놓지 않아요.

　　밤나무, 생강나무, 은사시나무, 미루나무, 뽕나무 등 여러 나무에 알을 낳고 살아가지만 참나무류를 가장 좋아한답니다.

　　어른벌레는 5~9월 사이에 활발하게 활동해요. 따뜻한 남쪽 지방에서는 10월까지도 만날 수 있지요. 역시 야행성이라서 낮에는 나무 틈이나 나뭇잎 밑에서 쉬다가 밤이 되면 나무 수액을 핥아먹으려고 모여든답니다.

나는 많이 먹기로도 유명해. 나무 수액은 모두 내 거야. 이 큰턱이 무서우면 모두 비키라고!

숲속의 최강자 넓적사슴벌레

톱사슴벌레 턱에 기다란 톱을 단 것 같아요

큰턱이 길고 아래쪽으로 휘어져 있고, 안쪽에 뿔이 많이 나 있어서 톱날처럼 보여요. 그래서 이름도 톱사슴벌레로 불리지요. '불쏘시개', '쇠스랑'이라는 별명도 있어요. 우리나라에서 자주 보이는 사슴벌레 중 하나예요.

톱사슴벌레는 성격이 급하기로 유명해요. 공격성도 꽤 강한 편이지만 실제 힘은 다른 힘센 사슴벌레에 비하면 약한 편이에요. 적이 나타나면 긴 큰턱으로 상대방을 들어 올리는 방법을 쓴답니다.

분   포 우리나라, 일본, 중국
몸 길 이 수컷 23~70mm
            암컷 23~35mm
활동 시간 밤
서 식 지 키가 큰 활엽수가 있는 숲

수명이 짧아요!

• 5~6월까지 번데기로 지내다가, 어른벌레가 되어 밖으로 나온 뒤 3~4개월 정도 살다가 죽어요. 수명이 다른 사슴벌레 종류보다 짧지요.

톱사슴벌레 3~6개월

왕사슴벌레 3~4년

날아다니는 모습을 볼 수 있어요!

• 나뭇가지에 오르면 끝까지 올라가 날개를 펴고 날아가는 습성이 있어요.

톱사슴벌레의 몸 색깔은 다른 종에 비해 붉은빛이 많이 돌아요. 흑갈색이 많고 가끔 진한 흑색을 띠는 톱사슴벌레도 있지요.

수컷의 큰턱은 머리와 가까운 쪽에 큰 이가 나 있고, 여기서부터 시작해 턱 끝까지 작은 이가 6~8개 정도 더 나 있어서 전체적으로 톱날 같은 모양이에요. 몸집이 커다란 수컷은 큰턱이 아래로 길게 휘어져 있답니다.

암컷은 몸 전체가 둥글둥글하고 뚱뚱한 편이에요. 옆에서 보면 몸 가운데 부분이 볼록하게 튀어나와 있어서 다른 종 암컷과 구분할 수 있어요.

어른벌레는 6~9월 사이에 활동해요. 상수리나무, 졸참나무, 물참나무, 버드나무 같은 나무에서 자주 볼 수 있답니다. 야행성이지만 낮에도 조금씩 돌아다녀요. 나무 수액을 먹으러 날아오는 모습을 어렵지 않게 관찰할 수 있지요.

사슴벌레 전쟁할 때 머리에 쓰는 투구를 쓴 듯해요

사슴벌레류를 대표하는 종류여서 '참사슴벌레'라고도 불러요. 머리가 앞쪽에서 뒤쪽으로 튀어나와 있어서 마치 투구를 쓴 듯 보여서 '투구사슴벌레'라고도 하지요. 역시 멋진 큰턱이 있어서 고대 로마에서는 이 큰턱을 부적으로 삼았다는 이야기도 전해 와요.

사슴벌레는 높은 산에서 주로 살아요. 우리나라에서는 전국의 높은 산에 서식하지요.

기온이 낮고 서늘한 곳을 좋아해서 우리 주변에서는 다른 종보다 찾기 어려워요.

분 포	우리나라, 일본, 중국
몸 길 이	수컷 40~70mm 암컷 30~43mm
활동 시간	낮과 밤
서 식 지	높고 서늘한 산

사슴벌레 수컷
큰턱 끝이 양 갈래로 나누어져 있어요.

몸 전체가 적갈색이고, 수컷은 온몸이 짧은 황색 털로 뒤덮여 있어요. 이 황색 털은 활동이 많아지면 점점 떨어져 나가지요. 넓적다리마디에는 노란색 점도 있답니다. 휘어져 있는 큰턱 안쪽으로는 여러 개의 큰 이가 나 있어요.

매우 예민한 녀석이라 손으로 만지면 좋지 않대요.

투구처럼 생긴 내 머리가 어때, 멋지지?

홍다리사슴벌레 다리가 붉은색이에요

다리와 배 부분이 붉은색을 띤다고 해서 홍다리사슴벌레라는 이름이 붙었어요. 사슴벌레류는 암컷이 서로 비슷비슷하게 생겼는데, 이 종류는 몸을 뒤집어 보면 붉은색이 나타나기 때문에 구분하기가 아주 쉽답니다.

사슴벌레와 마찬가지로 서늘한 곳을 좋아해서 평지에서는 거의 찾아볼 수 없어요. 산이 많은 지역에서 주로 발견되지요.

분 포	우리나라, 일본, 대만, 미얀마
몸 길 이	수컷 25~50mm 암컷 20~38mm
활동 시간	낮과 밤
서 식 지	서늘한 산

홍다리사슴벌레 수컷
넓적다리마디 부분과 배 부분이 붉은색이에요.

내 큰턱은 끝 부분에만 뿔이 2~3개 정도 나 있지.

뒤집어 보니, 배와 다리 부분에 붉은색이 넓게 나타나네요.

버드나무나 오리나무, 팽나무, 은사시나무 등 여러 종류의 나무를 좋아해요. 나무 한 그루에 여러 마리가 모여서 살아가는 모습도 발견할 수 있지요. 수컷과 암컷이 짝짓기한 다음에는 사이좋게 항상 붙어서 지낸답니다.

홍다리사슴벌레 암컷과 수컷

털보왕사슴벌레   온몸이 털로 덮여 있어요

최근에 우리나라에만 사는 고유종으로 밝혀진 사슴벌레예요. 해남과 변산반도국립공원에서 발견되었지요. 오래된 상수리나무나 팽나무에서 주로 사는데, 활동적이지 않고 어두운 구멍 속을 좋아해요. 그래서 발견하거나 관찰하기가 쉽지 않아요.

몸 전체가 갈색빛을 띠고, 비스듬한 각도에서 보면 온몸이 털로 덮여 있어요. 그래서 이렇게 보면 마치 몸에 녹이 슨 것처럼 보인답니다.

분　　포	우리나라(해남, 변산반도)
몸 길 이	14~26mm
활동 시간	낮과 밤
서 식 지	상수리나무, 팽나무 등이 있는 숲

털보왕사슴벌레
갈색의 몸에 전체적으로 털이 덮여 있어요.

어때요? 털보왕사슴벌레를 흉내 내려고 온몸을 털로 감쌌어요!

앗, 깜짝이야! 털보왕사슴벌레가 아니라 곰인 줄 알았지 뭐예요.

몸 크기는 작고 아담한 편이에요. 활동적이지 않은 습성 때문에 겨울이면 썩은 나무 안에서 애벌레와 어른벌레가 함께 발견되기도 해요. 여름에는 불빛을 향해 날아오기도 하고요.

비단벌레와 사는 곳이 같아서 털보왕사슴벌레가 발견되는 곳에서는 비단벌레를 만날 수 있어요.

두점박이사슴벌레 검은 점이 두 개예요

톱사슴벌레와 친척쯤 되는 사슴벌레로 생김새나 생태 등이 톱사슴벌레와 많이 닮았어요. 앞가슴등판 양쪽 가장자리에 검은 점이 있다고 해서 두점박이사슴벌레라고 불러요. 우리나라에서는 제주도에만 살고 있답니다. 동남아시아부터 동아시아 일부 지역까지 널리 분포하며, 대만에서는 매우 흔한 사슴벌레예요. 우리나라에서는 멸종위기 야생생물 Ⅱ급으로 보호받고 있어요.

분 포	우리나라(제주도), 네팔, 대만, 중국, 몽골
몸 길 이	수컷 45~65mm 암컷 28~39mm
활동 시간	밤
서 식 지	활엽수가 있는 숲

두점박이사슴벌레
앞가슴등판 양쪽에 검은 점이 있어요.

처음 어른벌레가 되면 몸 색깔은 전체적으로 노란색을 띠지만 시간이 지날수록 점점 붉은색, 적갈색으로 변해요. 수컷의 큰턱은 크게 휘지 않고 길게 뻗어 있어요. 어른벌레는 5~9월 사이에 주로 볼 수 있는데, 높은 산보다는 낮은 지대에 있는 활엽수 숲에서 살아가지요.

환경에 민감하거나 특별한 생태 조건이 필요한 종류는 아니에요. 그러니 자연을 잘 보존하고, 무분별하게 채집하지 않는다면 오랫동안 볼 수 있을 거예요.

모양과 색이 아름답다 보니, 사람들이 마구 잡아가지 못하도록 잘 지켜봐야 해요.

제주도에서만 볼 수 있다고 하니까 왠지 더 소중한 것 같아요.

그 밖의 사슴벌레들

앞에서 만난 사슴벌레 외에 우리나라에서 만날 수 있는 사슴벌레를 더 알아볼까요?

다우리아사슴벌레
금속처럼 빛나는 몸이 멋져요

수명이 짧지만 금속처럼 빛나는 몸과 멋진 큰턱을 가지고 있어요. 다른 사슴벌레 종류에 비해 딱지날개가 딱딱하지 않은 편에 속해요. 큰턱은 크기에 따라 많이 달라져서, 몸집이 작은 수컷은 얼핏 보면 암컷으로 오해하기 쉽답니다. 우리나라에서는 늦여름에 나타나고 전국에서 볼 수 있어요.

원표애보라사슴벌레
푸른빛 비단을 닮았어요

크기가 1센티미터 미만으로 아주 작아서 사슴벌레가 아니라고 종종 오해를 받아요. 높이 600미터가 넘는 높은 산에서 주로 살아요. 발견하기도 힘들고 전문가가 아니면 기르기도 힘든 사슴벌레랍니다.

 **활동** 이 밖에도 인터넷과 책에서 우리나라에 사는 사슴벌레들을 더 찾아보세요.

길쭉꼬마사슴벌레
몸집이 정말 작아요

몸길이가 1센티미터로 정말 작은 사슴벌레예요. 우리나라에서는 제주도에 살아요. 암컷과 수컷 모두 턱이 작아서 구별하기가 어려워요. 평생 나무속에서 살아가는데, 특이하게도 육식성이라서 나무 안에 있는 다른 애벌레를 잡아먹어요.

엷은털왕사슴벌레
털보왕사슴벌레보다 털이 적게 나 있어요

털보왕사슴벌레와 비슷하지만 몸이 더 어두운 색깔이에요. 털도 훨씬 적게 나 있지요. 오래되고 썩은 나무에서 발견된답니다.

꼬마넓적사슴벌레
큰턱 끝이 날카롭지 않아요

우리나라 남부 지방과 남해안의 섬, 제주도에서 발견돼요. 아주 잘 썩은 소나무에서 살며, 어른벌레는 나무 수액을 먹어요.

사슴벌레의 종류 세계

유럽사슴벌레

만디블라리스큰턱사슴벌레

메탈리퍼가위사슴벌레

세계에서 사슴벌레가 가장 많이 분포하는 지역은 열대 지방이에요. 특히 동남아시아 지역은 사슴벌레의 천국이라고 부를 정도랍니다. 물론 우리나라 같은 온대 지방에도 퍼져서 살고 있어요. 세계 곳곳에 약 1,500종이나 되는 사슴벌레가 있지요. 크기도 다양하고 생김새도 개성 만점이에요. 전 세계의 신기하고 멋진 사슴벌레들을 만나 볼까요?

세계의 사슴벌레

안테우스왕사슴벌레 사슴벌레계의 거인이에요

수컷의 몸길이가 크게는 90밀리미터 이상이고, 큰턱도 매우 굵고 큰 대형 왕사슴벌레예요. 그란디스왕사슴벌레에 이어 두 번째로 큰 왕사슴벌레로 기록되어 있지요. 그래서 이름도 그리스 신화에 나오는 거인 안테우스에서 따왔어요.

중국 남부에서 인도 북부, 태국, 라오스, 말레이시아 등에 걸쳐 살고 있는데, 높이 1,000~2,000미터 이상의 높은 산에서 주로 살아요. 태국 같은 더운 나라에서는 1년 내내 관찰할 수 있어요. 8~11월에 가장 많이 볼 수 있지요.

분 포	네팔, 라오스, 말레이시아, 미얀마, 인도, 중국, 태국 등
몸 길 이	수컷 33~94mm 암컷 31~48mm
활동 시간	밤
서 식 지	활엽수가 있는 산

안테우스왕사슴벌레 수컷
큰턱은 굵고 짧으며 안으로 많이 굽었어요.
끝과 이가 매우 날카로워요.

몸은 전체적으로 반짝반짝 광택이 나고 검은색이에요. 그중에서도 네팔과 인도에 사는 안테우스왕사슴벌레는 크기가 가장 크고, 큰턱과 이가 앞으로 뻗은 멋진 모습으로 유명해요.

메탈리퍼가위사슴벌레 거대한 가위를 단 것 같아요

큰턱이 엄청나게 길어요. 몸통 길이보다 더 길답니다. 가위처럼 생긴 큰턱까지 재면 전체 몸길이가 100밀리미터에 이르는 것도 있어요. 몸 표면 전체가 금속처럼 반짝반짝 빛나서 이름도 메탈리퍼가위사슴벌레예요.

인도네시아 술라웨시섬을 중심으로 많이 살아가요. 대체로 낮은 지대를 좋아하고 낮에 활동해요.

분 포	인도네시아
몸 길 이	수컷 26~100mm 암컷 23~29mm
활동 시간	낮
서 식 지	활엽수가 있는 산

'메탈리퍼'란 금속이 섞여 있다는 뜻이에요.

메탈리퍼가위사슴벌레 수컷
큰턱 안쪽으로 이가 톱니처럼 나 있어요.

수컷의 매우 긴 큰턱 가운데에는 큰 이가 하나 나 있고, 큰턱 안쪽에 이가 몇 개 더 나 있어요. 큰턱이 긴 만큼 더듬이도 길답니다.

금속 광택은 이렇게 색깔이 여러 가지야. 정말 예쁘지?

가위 같은 큰턱으로 암컷을 다른 수컷에게서 보호해요.

 **활동** 메탈리퍼가위사슴벌레라는 이름에서 알 수 있는 가장 큰 특징 2가지를 말해 볼까요?

답 몸에 금속 같은 광택이 나고, 큰턱이 가위처럼 길어요.

기라파톱사슴벌레 세계에서 몸길이가 가장 길어요

　세계에서 가장 길이가 긴 사슴벌레예요. '기라파'라는 이름은 목이 긴 기린에서 유래한 말이랍니다. 기린 목처럼 큰턱이 아주 길다고 해서 그렇게 부르게 되었어요. 기라파톱사슴벌레는 인도, 필리핀, 인도네시아 등의 지역에 퍼져서 살고 있어요. 그중 가장 큰 종류는 인도네시아에서 발견되었는데 118밀리미터였어요. 큰턱은 매우 날카로우면서도 길어서 몸통 길이의 절반을 차지할 정도예요.

분　포	인도차이나반도, 인도, 인도네시아, 필리핀 등
몸 길 이	수컷 35~118mm 암컷 31~56mm
서 식 지	높은 지대의 열대 우림

기라파톱사슴벌레 수컷
앞가슴등판 양쪽으로 돌기가 나 있어요.

　수컷의 큰턱은 끝이 두 갈래로 갈라져요. 길고 가늘게 생겼지만 이가 매우 날카로워서 무는 힘이 아주 강력하지요. 몸은 검은색에 광택이 나요. 앞가슴등판에는 날카로운 돌기가 나 있어요. 어른벌레는 팽나무 등 열대 우림에 있는 다양한 나무의 수액을 아주 좋아하고 썩은 과일을 먹기도 해요.

보통 높은 나무 위에 붙어 있기 때문에 옛날 원주민들은 나무 위로 돌을 던져 이 사슴벌레를 잡기도 했대요.

패리큰턱사슴벌레 성질이 사납고 난폭해요

겉모습부터 무척 강해 보이는 사슴벌레예요. 실제로도 매우 사납고 공격적이랍니다. 그래서 애완용으로 기를 때는 매우 주의해야 해요.

수컷은 90밀리미터를 넘을 정도로 커요. 큰턱은 매우 굵은데 아래로 휘어지면서 끝부분이 두 갈래로 갈라져요. 몸은 전체적으로 검은색이고, 딱지날개 아랫부분이 주황색을 띠어요.

분 포	미얀마, 말레이시아, 인도, 인도네시아, 태국
몸길이	수컷 48~92mm 암컷 40~51mm
서식지	높은 지대의 열대 우림

패리큰턱사슴벌레 수컷
큰턱의 끝부분이 아래로 급격하게 휘어져요.

패리큰턱사슴벌레는 아무 때나 볼 수 있는 종류는 아니에요. 말레이시아에서는 비가 많이 내리는 시기인 11~12월 사이에 만날 수 있답니다. 따뜻한 날씨와 축축하고 습한 환경을 좋아해요. 800~1,200미터 높이의 열대 우림에 주로 사는 것으로 알려져 있어요.

볼 수 있는 시기가 짧고, 높은 나무 위에서 주로 살기 때문에 더 많은 연구가 필요해요.

이다음에 사슴벌레 연구가가 된다면 패리큰턱사슴벌레를 더 연구해 보고 싶어요!

그 밖의 사슴벌레들

앞에서 만난 사슴벌레 외에 전 세계의 개성 있는 사슴벌레를 더 만나 볼까요?

팔라완왕넓적사슴벌레

최고의 싸움꾼이에요

수컷의 몸길이가 최대 113밀리미터인 초대형 사슴벌레예요. 필리핀 팔라완섬에만 살아요. 성격이 예민하고 매우 거칠어요.

만디블라리스큰턱사슴벌레

세계 3대 대형 사슴벌레 중 하나예요

기라파톱사슴벌레, 팔라완왕넓적사슴벌레와 함께 세계 3대 대형 사슴벌레로 불려요. 최대 크기가 118밀리미터에 달하지요. 인도네시아 수마트라섬과 보르네오섬에 주로 살아요.

람프리마사슴벌레

빛나는 광택과 아름다운 색깔을 지녔어요

오스트레일리아 대륙 주변 파푸아뉴기니에 살아요. 녹색을 띠는 종류가 가장 많지만 금색, 파란색, 붉은색 등을 띠는 종류도 있답니다.

뮤엘러리사슴벌레

몸 색깔이 무지갯빛이에요

보는 방향과 빛에 따라 몸이 무지갯빛으로 반짝거려요. 세계에서 가장 아름다운 사슴벌레로도 꼽히지요. 오스트레일리아에 사는데, 이곳에서 가장 크기가 큰 종에 속해요.

로젠버기황금사슴벌레
몸 색깔이 황금색이에요

몸이 황금색으로 빛나 매우 아름다워요. 습기에 민감해서 습도가 높은 곳에 있으면 몸 색깔이 회색으로 변한답니다. 인도네시아 자바섬에만 살아요.

유럽사슴벌레
유럽을 대표하는 사슴벌레예요

서유럽에서 가장 잘 알려진 종류예요. 동아시아에도 살고 있어요. 나뭇가지처럼 생긴 큰턱이 매우 크고 붉은빛을 띠어요.

타란두스광사슴벌레
번쩍번쩍 광택이 나요

몸이 에나멜을 칠한 듯 매우 번쩍거려요. 수컷은 위협을 느끼면 몸을 부르르 떨거나 몸을 움츠리고 나무에서 떨어지기도 해요.

 **활동** 세계의 사슴벌레를 책과 인터넷 등으로 더 찾아서 이름을 말해 보세요.

사슴벌레의 한살이

짝짓기를 하고 알을 낳아요

사슴벌레는 나무의 상처에서 나오는 수액을 먹으며 살아가요. 그러다가 때가 되면 나무 위에서 암컷과 수컷이 만나 짝짓기를 해요. 새 생명을 만드는 과정이 시작되는 거예요.

> 짝짓기하고 알을 낳는 것은 사슴벌레를 비롯한 모든 곤충의 일생에서 가장 중요한 일이에요.

❶ 짝짓기를 해요

암컷과 수컷의 짝짓기

수컷은 나무 위에서 암컷을 발견하면 짝짓기를 해요. 암컷의 위로 올라가 감싸 안는 듯한 자세를 하고는 자신의 정자를 암컷의 몸속에 넣지요. 짝짓기가 끝나면 암컷은 이제 알을 낳을 수 있어요.

❷ 알 낳을 나무를 찾아요

암컷은 짝짓기를 한 다음, 수액을 충분히 먹으며 알을 낳기 위해 준비해요. 그러고는 썩은 나무를 찾아 숲을 이리저리 날아다녀요. 태어날 애벌레가 썩은 나무를 파먹고 자라기 때문이지요. 잘 썩고 수분이 적당한 나무를 찾으면 단단하고 날카로운 큰턱으로 구멍을 뚫어요.

날카로운 큰턱

폭이 넓은 앞다리

톱사슴벌레 암컷
암컷의 큰턱은 작지만 매우 날카로워서 나무에 구멍을 뚫기 편해요.

암컷의 큰턱은 수컷보다 훨씬 작지만, 썩은 나무에 구멍을 잘 뚫을 수 있어요. 또 앞다리도 흙 같은 것을 잘 팔 수 있도록 폭이 넓게 생겼어요.

❸ 알을 낳아요

사슴벌레 암컷은 뚫은 구멍 속에 꽁무니를 집어넣고 알을 하나씩 낳아요. 몇십 개의 알을 다 낳으면, 알이 적에게 들키거나 굳어 버리지 않도록 나무 부스러기로 구멍을 잘 덮어 두어요.

나무 구멍 속에 알을 낳아요.

알을 나무 부스러기로 덮어요.

사슴벌레는 참나무 같은 활엽수를 좋아해요. 썩은 나무를 찾아 알을 낳지요.

톱사슴벌레는 땅 위의 썩은 나무보다 땅속에 묻혀 있는 썩은 나무를 더 좋아해서 거기다가 알을 낳아요.

❹ 알에서 나올 준비를 해요

처음 낳은 알은 2~3밀리미터 정도 크기에 타원형으로 생겼어요. 하루나 이틀 정도 지나면 점점 커지고, 모양도 둥글게 바뀌어요. 2주~1개월 정도 지나면 부화해요. 부화하기 바로 전에는 크기가 5밀리미터 정도로 더 커져요.

처음 낳은 알
2~3밀리미터 정도 크기에 타원형이에요.

하루나 이틀 지난 알
크기가 커지고 모양이 둥글게 변해요.

부화하기 전 알
5밀리미터 정도로 크기가 더욱 커져요.

'부화'는 알에서 애벌레가 태어나는 것을 말해요. 부화하기 바로 전에는 알이 동그랗게 부풀어 올라요.

애벌레가 나무속에서 점점 자라나요

사슴벌레 애벌레는 자라는 단계에 따라 1령, 2령, 3령으로 나누어져요. 또 번데기로 변하는 과정도 있지요. 알에서 부화해서 어른벌레가 되기까지 어떤 과정을 거치는지 알아볼까요?

❶ 알에서 나오는 과정

부화하기 바로 전에는 알이 물기를 빨아들여 동그랗게 부풀어 올라요. 애벌레는 머리 뒤에 있는 뾰족한 부분으로 껍질에 상처를 내서 알을 터뜨려요.

알에서 갓 나온 애벌레는 몸이 매우 하얗고 투명해요. 한동안 가만히 있다가 며칠이 흐른 뒤, 단단해진 머리와 입으로 나무를 갉아 먹어요.

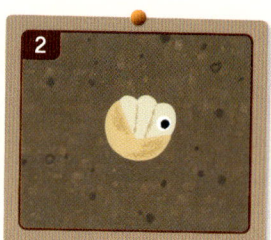

알에서 애벌레가 나오는 과정

> 애벌레로 지내는 기간은 사슴벌레 종류와는 큰 관계가 없어요. 애벌레가 사는 환경에 따라 더 길어지거나 짧아지지요.

❷ 1령, 2령, 3령 애벌레 과정

애벌레는 썩은 나무속에서 나무를 갉아먹으며 점점 자라요. 자라면서 몸이 쑥쑥 커지는데, 그러려면 몸을 감싸고 있는 껍질을 벗어야만 해요. 이것을 허물벗기라고 해요. 애벌레 과정이 다 끝날 때까지 허물벗기를 두 번 되풀이해요. 사슴벌레가 애벌레로 지내는 기간은 1~3년 정도랍니다.

허물벗기

몸이 커지면 현재 몸 껍질이 답답해져 벗어 버려요.

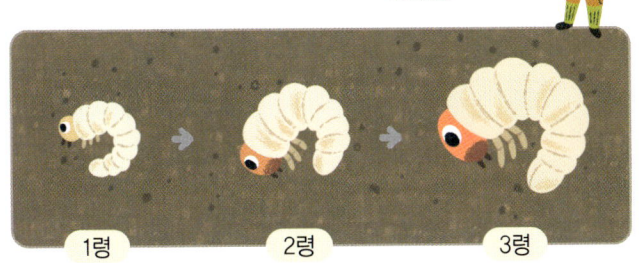

1령　　2령　　3령

허물을 한 번 벗고 나면 2령 애벌레가 돼요. 한 번 더 벗으면 애벌레의 마지막 단계인 3령 애벌레가 돼요.

몸 색깔도 점점 진해지네요!

사슴벌레와 장수풍뎅이 3령 애벌레 비교

턱은 까맣지만 머리 부분은 밝은색이에요.

꽁무늬 양쪽에 둥근 무늬가 있어요. 항문이 세로로 갈라졌어요.

턱이 까맣고 머리 부분이 어두운 색이에요.

꽁무늬 부분 색깔이 어둡고 항문이 가로로 갈라졌어요.

사슴벌레 3령 애벌레　　장수풍뎅이 3령 애벌레

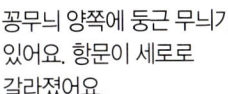

사슴벌레와 장수풍뎅이 애벌레는 비슷해요. 어떻게 구분해야 할까요?

　애벌레는 더운 여름에 무럭무럭 잘 자라요. 2령에서 3령 애벌레로 자라나지요. 하지만 가을이 되어 날씨가 조금씩 쌀쌀해지면, 겨울이 오기까지 먹을 것을 충분히 먹어 둬요. 추운 겨울이 되면 먹는 것을 멈추고 움직이지도 않은 채 추위를 견뎌요.

　그리고 봄이 되어 날씨가 따뜻해지면, 다시 나무를 활발하게 갉아먹으며 번데기가 될 시간을 준비하지요.

활동　3령 애벌레를 다른 말로 뭐라고 부르는지 말해 볼까요?

답 애벌레의 마지막 단계인 3령 애벌레를 종령, 애벌레라고도 불러요.

번데기에서 어른벌레가 되어요

썩은 나무속에서 1~3년을 보낸 애벌레는 마침내 번데기로 변해요. 번데기는 어른벌레가 되기 전에 모습을 완전히 바꿀 준비를 끝내는 시기라고 할 수 있어요. 번데기 시기를 보낸 뒤 작아진 껍질을 벗어 버리면 드디어 어른벌레가 되지요. 사슴벌레는 보통 초여름에서 가을에 어른벌레가 돼요.

❶ 번데기

3령 애벌레는 번데기 방을 만들어요. 이 방은 번데기 시기를 보내는 방인데, 썩은 나무속에 주로 만들고 땅속에 만드는 경우도 있지요.

번데기에서는 날개와 다리, 큰턱이 생겨난 것을 분명하게 볼 수 있어요. 번데기도 허물을 벗으며 점점 커지고 색깔도 진해져요.

❷ 날개돋이

번데기가 된 지 한 달 정도 지나면 그 상태로 몸을 뒤집어요. 이렇게 엎드린 상태로 등이 갈라지면서 날개와 배, 큰턱이 나와요. 어른벌레는 처음에는 붉은빛을 띠다 한 달 정도 지나면 몸 색깔이 더 진해져요.

어른벌레가 되어도 바로 세상으로 나갈 수는 없어요. 여름에서 가을 사이에 어른벌레가 되면 다음 해 여름이 될 때까지 기다렸다가 세상 밖으로 나가 활동해요.

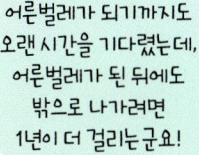
어른벌레가 되기까지도 오랜 시간을 기다렸는데, 어른벌레가 된 뒤에도 밖으로 나가려면 1년이 더 걸리는군요!

등껍질이 갈라지면서 앞날개를 쭉 펴고, 다음으로 뒷날개를 펴요. 큰턱도 쭉 펴지요.

큰턱을 쭉 펴도 방이 남을 만큼 번데기 방은 충분히 넓어요.

드디어 세상 밖으로 나가요

이듬해 여름 세상 밖으로 나온 사슴벌레는 좋아하는 수액 냄새에 이끌려 나무를 찾아 날아가요. 나무 위는 사슴벌레뿐만 아니라 장수풍뎅이, 나비, 나방, 하늘소 등으로 북적거리지요. 사슴벌레는 좋은 자리를 차지하고는 수액을 마음껏 핥아 먹어요.

처음으로 날개를 펼치고 수액을 찾아 나무로 날아가요.

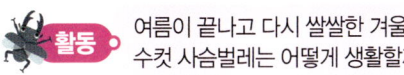 **활동** 여름이 끝나고 다시 쌀쌀한 겨울이 오면 수컷 사슴벌레는 어떻게 생활할까요?

답 수명이 2아이상인 수컷은 그늘에 자리서 나무 속으로 들어가 동면이을 해요. 그리고 봄이 왔을 때 자리서 다시 활동해요.

생각 더하기

사슴벌레의 천적

사슴벌레는 알과 애벌레, 번데기 단계를 오랫동안 거친 뒤 세상에 나와 충분한 기간을 살기도 하지만, 안타깝게도 중간에 죽는 숫자도 아주 많아요.
사슴벌레를 위협하는 숲속의 여러 천적들에 대해 알아볼까요?

사슴벌레의 천적은 다양해요.

까마귀

까마귀는 사슴벌레를 잡아먹어요. 사슴벌레도 몸이 딱딱하고 큰턱을 무기로 쓸 수 있지만, 까마귀의 부리 역시 날카롭고 튼튼해서 만만치 않아요. 사슴벌레를 먹을 때는 단단한 머리 부분은 먹지 않고 버려요.

두꺼비

두꺼비도 사슴벌레를 잡아먹어요. 기다란 혀를 내밀어 순식간에 입속으로 낚아채지요.

사슴벌레야, 조심해!

톱밥파리

톱밥파리는 집에서 사슴벌레를 키울 때 조심해야 하는 곤충이에요. 사슴벌레가 생활하는 톱밥에 잘 생기는데, 톱밥파리가 알을 까면 톱밥이 오염되는 등 환경이 나빠져서 사슴벌레 애벌레가 죽기 쉬워요.

방아벌레 애벌레

방아벌레 애벌레 역시 사슴벌레 애벌레와 마찬가지로 썩은 나무속에서 자라요. 육식성이라서 나무속에 있는 사슴벌레 애벌레나 번데기를 잡아먹기도 한답니다.

진드기

진드기는 아주 작지만 사슴벌레에게 치명적이에요. 애벌레나 어른벌레의 몸에 붙어서 체액을 빨아 먹어요. 심하면 어른벌레도 죽을 수 있어요.

홍조배벌

홍조배벌은 사슴벌레 애벌레 몸에다 자신의 알을 낳아요. 부화한 홍조배벌 애벌레는 사슴벌레 애벌레에 기생하며 체액을 빨아 먹고 자라나요.

이 밖에도 두더지, 딱따구리, 쥐, 개미 등 사슴벌레를 위협하는 천적들은 무척 많아요. 사슴벌레는 죽은 뒤에도 흙으로 돌아가 숲속 여러 생물들이 자라는 데 영양분이 된답니다. 그 덕분에 새로운 사슴벌레들이 태어날 수 있지요.

활동 '기생'이 무엇인지 설명해 보세요. 사슴벌레의 천적 중 기생하는 것은 무엇이었나요?

답: 다른 종류의 생물에게 붙어 사는 것을 기생이라 하며, 사슴벌레의 천적 중에는 높이 붙어 체액을 빨아 먹는 진드기, 홍조배벌 애벌레가 기생합니다.

사슴벌레 관찰하고 채집하기

사슴벌레는 참나무 숲을 좋아해요. 어른벌레는 여름 한철 동안 활발하게 활동하지요. 이처럼 사슴벌레가 좋아하는 장소와 활동하는 시기 등을 잘 알아야 사슴벌레를 잘 찾을 수 있겠지요? 사슴벌레를 만나러 갈 때 주의할 점들을 모두 알아봐요.

사슴벌레 만나기

사슴벌레는 주로 참나무, 상수리나무, 졸참나무, 버드나무 등이 많은 숲속에서 살아요. 사슴벌레를 만날 수 있는 계절은 여름이에요. 겨울잠을 자고 일어났거나 일찍 번데기에서 나와 어른벌레가 된 것들은 초여름쯤 활동을 시작해서 7~9월 사이에 가장 활발하게 활동해요. 그러니 이때 숲을 찾는 것이 좋아요. 또 낮에는 땅속이나 나뭇가지, 나무 구멍 속에서 잠을 자고, 밤이 되어야 밖으로 나와 수액을 핥아 먹으며 활동해요. 이처럼 사슴벌레는 대부분 야행성이라서 저녁부터 새벽까지가 관찰하기에 가장 좋아요.

⚠ 사슴벌레를 만나는 곳과 시간
- **장소:** 참나무 등 잡목림 숲
- **계절:** 여름(7~9월)
- **시간:** 저녁 6시부터 새벽 3~4시

모자
머리를 보호해요.

포충망
곤충을 사로잡는 망이에요. 손잡이가 긴 것으로는 높은 곳에 있는 곤충도 잡을 수 있어요.

핀셋
구멍 속에 있는 곤충을 꺼낼 때 써요.

장갑
손이 긁히거나 다치지 않도록 해요.

손전등
밤에 곤충을 관찰하거나 채집할 때 써요.

긴바지, 긴소매, 긴 양말
모기나 다른 벌레, 풀과 나무 등 위험한 것에서 몸을 보호해요.

채집통
채집한 곤충을 보관해요. 애벌레와 어른벌레를 따로 둘 수 있도록 칸이 나누어진 것이 좋아요.

배낭
다양한 준비물을 담아 다녀요.

사슴벌레를 채집하러 갈 때 준비물

어른벌레 채집하기

밤에 참나무 숲에서 관찰, 채집해요

낮에 수액이 많은 참나무들의 위치를 확인하고 나무에 끈을 묶어 표시해 둬요. 그런 다음 해가 진 뒤 그 나무들로 가면 사슴벌레와 수액을 먹기 위해 몰려든 곤충들을 만날 수 있어요. 나무껍질 위는 물론 나무 구멍 속에 있는 사슴벌레를 발견할 수도 있지요.

과일로 끌어들여요

나무 수액을 좋아하는 곤충들은 과일을 좋아해요. 나무에 바나나나 파인애플을 짓이겨 발라 놓고, 며칠 뒤에 가서 보면 곤충들이 많이 모여든 것을 관찰할 수 있지요. 스타킹이나 양파망에 과일을 넣어서 나무에 걸어 두어도 돼요.

손전등처럼 밝은 빛으로 끌어들여요

사슴벌레는 불빛을 보고 날아드는 습성이 있어요. 이 습성을 이용해서 불빛을 켜 두고 유인해요. 참나무가 많은 공원이나 숲 주변의 밝은 빛이 있는 곳이라면 어른벌레를 쉽게 잡을 수 있어요.

애벌레 채집하기

애벌레는 여름이 아니라 겨울에도 채집할 수 있어요. 숲에서 썩은 참나무를 먼저 찾아요. 버섯이 피어 있거나 물기가 있는 썩은 나무는 애벌레가 살기 좋은 나무예요. 이런 나무를 찾았다면 나무의 구멍을 들여다보거나, 손도끼 등으로 나무를 조심스레 쪼개서 애벌레가 나무를 파먹은 흔적을 찾아요.

흔적을 따라 가다 보면 애벌레를 발견할 수 있는데, 애벌레의 턱에 나뭇조각 끝을 대면 꽉 물어서 쉽게 꺼낼 수 있어요.

사육 상자 꾸미기

집에서 사슴벌레를 기른다면, 지낼 곳과 먹을 것을 적절히 마련해 주어야 하겠지요? 필요한 용품을 제대로 갖추고 나면 기르는 방법은 비교적 간단하답니다. 이제부터 사슴벌레 키우는 방법을 하나씩 알아보아요.

사슴벌레를 집에서 기를 때 준비물

사육 용품은 마트나 인터넷 곤충 전문점에서 쉽게 구할 수 있어요.

사육 상자
사슴벌레의 집이에요. 관찰하기 쉽도록 투명한 플라스틱 상자를 써요. 날아서 도망가지 못하도록 뚜껑이 있는 게 좋아요.

톱밥
사육 상자 바닥에 까는 톱밥이에요. 수분과 영양을 더한 발효 톱밥을 사용하는 게 좋아요.

방충망
다른 곤충이 들어가지 못하게 상자 위를 덮어요.

먹이 접시
먹이인 젤리나 과일을 올려놓는 그릇이에요.

먹이
곤충용 젤리나 사과, 바나나 등 과일을 넣어 줘요.

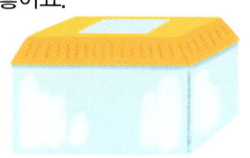

놀이 나무
사슴벌레가 가지고 놀거나, 넘어졌을 때 잡고 일어나기 좋게 넣어 주는 나무예요.

산란 나무
사슴벌레의 알을 받고, 애벌레를 키우는 데 쓰는 나무예요.

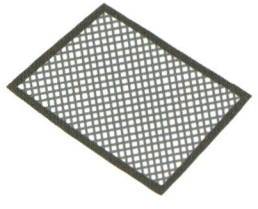

애벌레 통
애벌레를 따로 담아 기르는 통이에요.

핀셋
곤충용 젤리를 바꿔 주거나 사슴벌레를 꺼낼 때 써요.

낙엽
자연과 비슷한 환경으로 만들어 주기 위해 낙엽을 넣어 주기도 해요.

사슴벌레 집 꾸미기

산란 나무는 사용하기 전 하루 정도 물속에 담가 두어야 해요. 혹시 모를 나무속 천적이나 각종 벌레를 없애기 위해서랍니다.

❶ 톱밥 깔기	❷ 산란 나무 넣기	❸ 톱밥 완전히 채우기
사육 상자에 톱밥을 깔아요. 수분이 있도록 분무기로 물을 뿌려 줘요.	사육 상자 한쪽에 산란 나무를 올려 두어요.	산란 나무가 밖으로 보이지 않도록 잘 덮어요. 손으로 눌러 톱밥을 단단하게 다져요.
❹ 놀이 나무, 먹이 접시 놓기	❺ 낙엽 깔기	❻ 완성
그 위에 놀이 나무와 먹이 접시를 놓아 줘요.	낙엽도 깔아 줘요.	사슴벌레 한 쌍을 넣고, 방충망을 두른 뒤 뚜껑을 닫아요.

사슴벌레는 시끄러운 것을 싫어하고 몸을 숨기는 것을 좋아해요. 그러니 사육 상자를 되도록 조용한 곳에 두세요.

이제 사슴벌레가 먹이를 잘 먹는지, 활발하게 활동하는지, 암수가 짝짓기를 하는지 등을 집에서 매일 관찰할 수 있겠지요? 사슴벌레를 관찰하면서 잘 자랄 수 있도록 환경을 적절하게 조절해 주어요.

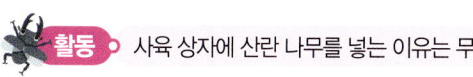

사육 상자에 산란 나무를 넣는 이유는 무엇일까요?

답 사슴벌레가 짝짓기를 하고 알을 낳을 때 필요하기 때문이에요. 알과 애벌레가 나무 속에서 자랄 수 있도록 해야 해요.

집에서 사슴벌레 기르기

사슴벌레 암컷은 짝짓기를 한 뒤 알을 낳아요. 이번에는 사슴벌레의 알과 애벌레를 집에서 기르는 방법을 더 알아볼까요?

알과 애벌레 기르기

사슴벌레가 알을 낳으면 산란 나무에서 구멍을 발견할 수 있어요. 암컷은 산란 나무를 갉아 구멍을 내고 그 안에 알을 낳거든요. 그 위로 톱밥을 덮어 두지요.

구멍 난 흔적이 있다면 한두 달 정도 지나 산란 나무를 사육 상자에서 꺼내요. 나무를 살살 쪼개면 애벌레가 보여요. 알이 나올 수도 있지요. 톱밥을 넣은 통에 알을 옮겨 놓으면 자연스럽게 애벌레로 부화해요. 애벌레는 조심히 꺼내 톱밥을 채운 애벌레 통으로 옮겨서 기르면 돼요.

❶ 산란 나무에서 알과 애벌레 꺼내기

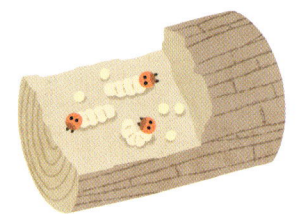

알이나 애벌레를 산란 나무에서 조심조심 꺼내요.

❷ 통에 옮겨 넣기

톱밥을 채운 통에 알이나 애벌레를 넣어 길러요.

톱밥 위에 작은 구멍을 내고 애벌레를 올려놓으면 알아서 아래로 파고 들어가요.

애벌레는 톱밥을 먹고 똥을 계속 눠요. 똥이 너무 많아지면 애벌레가 톱밥 위로 나와 버리니, 그전에 새로운 톱밥으로 갈아 주어야 해요. 단, 갈아 줄 때는 완전히 새로운 톱밥으로 바꾸지 말고 새것에 원래 있던 톱밥을 3분의 1 정도 섞어 주어야 해요.

애벌레가 1령-2령-3령 시기를 거친 뒤 번데기 방을 만들기 시작하면 건드리지 않도록 주의해야 해요. 번데기 방이 쉽게 부서져 버리거든요. 이렇게 정성스레 돌보면 사슴벌레가 애벌레에서 어른벌레로 성장하는 모습을 온전히 관찰할 수 있답니다.

으, 똥이 너무 많으니 밖으로 나가자.

사슴벌레 애벌레와 어른벌레를 키울 때 주의해요

스스로 연구하기

관찰 일지를 써 보세요

사슴벌레를 집에서 사육하고 있거나 숲에 가서 채집했다면, 자세히 관찰하면서 관찰일지에 정리해 봐요. 글로 쓰고 그림으로 그려서 자세히 표현하는 것도 좋아요. 관찰하면서 알게 된 사실과 궁금한 점이 있다면 적어 두고 탐구를 계속 이어 나가세요.

관찰 일지

| 관찰 날짜 | 6월 15일 | 관찰 장소 | 우리 집 | 곤충 이름 | 톱사슴벌레 |

관찰 제목 — 톱사슴벌레 큰턱의 모양과 쓰임을 알아보자

톱사슴벌레 수컷 2마리와 암컷 2마리를 분양받아 지난주부터 키우기 시작했다. 톱사슴벌레는 이름처럼 톱같이 생긴 큰턱을 가지고 있다. 그런데 큰턱의 모양이 조금씩 다르다. 우리 집에 있는 톱사슴벌레의 큰턱을 이모저모 관찰해 본다.

관찰 내용

큰턱의 모양

❶의 큰턱 | 둥글게 휘지 않고, 중간쯤에서 크게 꺾여서 휘어 있다. 그리고 바닥 쪽으로 내려오듯 뻗어 있다. 큰턱의 굵기가 굵다. 안쪽의 이도 큰데, 큰턱 끝 쪽에 몰려 있다.

❷의 큰턱 | 중간에 크게 꺾이지 않고 완만하게 휘어 있다. 아래쪽으로 휘지 않고 앞으로 뻗어 있다. 큰턱의 굵기가 가늘고 이도 작다.

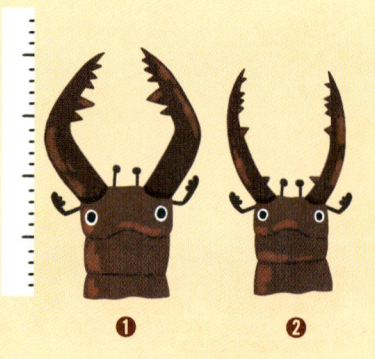

궁금증 | 같은 톱사슴벌레 종류인데, 큰턱의 모양이 왜 다를까?

알게 된 점 | ❶의 몸집이 전체적으로 크다. 크기를 자로 정확히 재어 보았다.

❶의 몸길이 65mm ❷의 몸길이 50mm

몸길이 70mm인 톱사슴벌레

크기가 큰 종류일수록 큰턱이 크고 많이 휘어 있음을 알 수 있었다. 인터넷에서 몸길이 70mm로 가장 대형인 톱사슴벌레의 사진을 찾아보았다. 역시 큰턱이 많이 휘어 있고 아래쪽으로 내려오듯 뻗어 있었다.

큰턱의 쓰임

톱사슴벌레는 근처에 가까이 다가가기만 해도 물려고 큰턱을 움직인다. 성격이 사나운 것 같다.

1) 큰턱 쪽에 펜을 가까이 가져갔을 때
   1초도 되지 않는 짧은 순간, 갑자기 펜을 물고 잘 놓지 않으려 한다.

2) 암컷을 15cm 옆에 두었을 때
   암컷이 옆에 있으면 큰턱을 사용하지 않는다.

3) 수컷을 15cm 옆에 두었을 때
   서서히 둘이 다가서더니 금세 서로 큰턱을 부딪히며 싸운다. 싸우다가 놓이 나무에서 함께 떨어지기도 하며 싸움을 잘 멈추지 않는다.

톱사슴벌레의 강한 큰턱

수컷들의 싸움

알게 된 점 | 큰턱은 위험이 눈앞에 있거나 다른 수컷과 대결할 때 쓰인다. 펜을 물고 있을 때 들어올리면 대롱대롱 매달릴 정도로 무는 힘이 세다.

사슴벌레로 실험해 봐요

사슴벌레와 함께 다음 실험을 해 봐요. 실험할 내용이 떠올랐다면, 가설을 먼저 세워요. 그리고 직접 실험한 다음 그 내용을 바탕으로 가설을 검증하고, 최종 결과를 이끌어 내요.

> 72쪽에 도움말이 나와 있어요!

 실험 주제 사슴벌레 수컷은 곤충 젤리를 서로 사이좋게 나눠 먹을 수 있을까?

 실험 방법 먹이 그릇에 곤충 젤리를 2개 꽂아 두고 사슴벌레 수컷 2마리를 가져다 두어요. 곤충 젤리를 어떻게 먹는지 살펴봐요. 1회 이상 다른 수컷들로 반복해서 실험해요.

가설 사슴벌레 수컷들은 보통 먹이를 두고 대결하지만, 이 실험에서는 곤충 젤리가 충분한 조건이기 때문에 대결하지 않을 수도 있다.

결과 곤충 젤리를 나눠 먹으려 하지 않는다. 큰턱으로 대결해서 반드시 한쪽을 밀어내거나 먹이 그릇에서 떨어뜨린 다음, 다른 한쪽이 곤충 젤리를 혼자서 차지한다.

실험 주제 사슴벌레 수컷의 큰턱 힘은 어느 정도일까?

 실험 방법 작은 나무 막대 양 끝에 종이를 말아 붙여 사슴벌레가 쓸 역기를 만들어요. 역기의 무게를 다르게 하면서 얼마까지 들 수 있는지 실험해요.

❶ 사슴벌레의 몸무게를 재요.

❷ 역기를 사슴벌레 무게만큼, 사슴벌레 무게의 2배만큼, 사슴벌레 무게의 3배만큼으로 만들어 각각 들 수 있는지 실험해요.

역기를 만들어 큰턱 위에 두어요.   역기를 톡톡 건드려요.

사슴벌레가 역기를 들어 올려요.

가설

결과

더 궁금한 것을 묻고 답해요

Q1 사슴벌레와 장수풍뎅이가 싸우면 누가 이길까요?

사슴벌레 수컷이 싸우는 것은 먹이나 영역을 차지하기 위해서, 또 암컷을 차지하기 위해서예요. 보통은 사슴벌레보다 장수풍뎅이가 더 강한 것으로 알려져 있지만 사슴벌레가 큰턱으로 장수풍뎅이를 번쩍 들어 올려 이길 때도 있어요.

Q2 사슴벌레는 평소에 날개를 볼 수 없는데, 어떻게 하늘을 날아다니나요?

겉으로 보이는 사슴벌레의 앞날개는 딱지날개라고 하며 몸을 보호하는 역할을 해요. 날 때는 앞날개 안에 접어 둔 뒷날개를 펼치고 날갯짓을 해서 날아가요. 앞날개는 날 때 몸의 균형을 잡아 줘요.

Q3 사슴벌레는 날개나 다리를 다치면 죽나요?

날개가 찢어지거나 다리가 떨어져도 죽지는 않아요. 채집할 때는 다치지 않게 조심하고, 집에서 기를 때는 뒤집어졌을 때 잡고 일어날 수 있도록 사육 상자에 놀이 나무를 충분히 넣어 주어야 해요. 놀이 나무는 발톱과 발목마디가 튼튼해지도록 운동하는 데도 도움이 돼요. 놀이 나무를 적당한 시기에 바꿔 주는 것이 좋아요.

딱지날개가 깨졌을 때
한번 깨진 딱지날개는
다시 붙지 않아요.

몸에 상처가 났을 때
몸에 한번 상처가 나거나 부러지면
원래대로 회복되지 않는답니다.
그러니 그대로 두어야 해요.

Q4 사슴벌레가 가장 좋아하는 먹이는 무엇인가요?

곤충 젤리나 과일 중에서는 사과, 수박, 바나나, 파인애플 등을 좋아해요. 바나나는 영양이 풍부해서 암컷이 알을 낳는 데 큰 도움을 준다고 해요. 하지만 과일은 그냥 두면 시간이 조금만 지나도 초파리 등이 모여들기 때문에, 먹고 난 뒤에는 곧바로 깨끗하게 치워 주어야 사슴벌레를 건강하게 기를 수 있어요.

Q5 사슴벌레를 손으로 잡을 때는 어떻게 잡는 게 가장 좋을까요?

수컷이라면 뒤쪽에서 다가가 머리와 이어진 앞가슴등판 양옆을 잡는 게 가장 좋아요. 큰턱 사이로 손을 댔다가는 물릴 수 있으니 조심해야 해요. 암컷은 몸통을 잡아요.

Q6 사슴벌레도 스트레스를 받을까요? 무엇을 조심해야 하나요?

수컷은 먹이를 제때 주지 않으면 스트레스를 받아 더욱 공격적으로 변해요. 또 암컷과 수컷을 같은 사육 상자에서 기를 경우, 수컷이 암컷을 공격해서 암컷이 스트레스를 받을 수도 있어요. 그럴 때는 암컷과 수컷을 따로 기르는 게 좋아요. 또 시끄러운 것을 싫어하고 주변의 작은 소리에도 민감하게 반응하기 때문에, 큰 소리나 음악 소리 등이 나지 않도록 주의해야 해요. 또 사육 상자가 흔들리지 않게 해야 해요.

Q7 사슴벌레는 어떻게 숨을 쉬어요? 똥과 오줌은 어떻게 누나요?

어른벌레

애벌레

사슴벌레는 숨 쉬는 곳이 배에 있어요. 배마디 양쪽에 나 있는 기문이라는 구멍으로 숨을 쉬지요. 사슴벌레 어른벌레는 배의 꽁무니 끝으로 배설물을 오줌처럼 내뿜어요. 애벌레는 꽁무니로 똥을 누지요.

사슴벌레 탐구 활동을 해 보세요

사슴벌레에 대해 얼마나 알게 되었나요? 다음 퀴즈를 풀면서 탐구 활동을 해 보세요.

보나마나 내가 사슴벌레 박사일걸!

1. 사슴벌레가 먹이와 암컷을 차지하기 위해서 다른 수컷과 대결할 때 쓰는 무기는 무엇일까요?

무슨 소리! 누가 이길지 겨뤄 보자고!

2. 딱딱한 딱지날개를 가진 곤충 무리를 무엇이라고 부를까요?
(사슴벌레도 여기 속해요.)

3. 사슴벌레는 머리/가슴/배로 나누어지며, 날개는 4장, 다리는 5개, 더듬이와 눈은 각각 1쌍이 있어요. 이 설명이 맞으면 ○, 틀리면 ✕로 표시해요.

4. 사슴벌레의 눈은 겹눈일까요, 홑눈일까요?

5. 사슴벌레를 만날 수 있는 곳은 다음 중 어디일까요?
① 초원　② 사막
③ 참나무 등 숲　④ 바다

누가 퀴즈 박사인지 대결해 봐요!

6. 우리나라 사슴벌레 중 가장 크고 쉽게 볼 수 있는 종으로, '집게벌레'라는 별명이 있는 사슴벌레는 무엇일까요?

7. 우리나라 사슴벌레 중 다리와 배 쪽이 붉은색을 띠는 사슴벌레는 무엇일까요?

8. 큰턱이 날카롭지 않은 꼬마넓적사슴벌레는 우리나라 어느 지역에 살고 있을까요?

정답은 책 맨 뒤 72쪽에 있어요!

9. 세상에서 가장 긴 사슴벌레로, 큰턱이 기린 목처럼 길다고 해서 이름 붙은 사슴벌레는 무엇일까요?

10. 세계에서 가장 아름다운 사슴벌레로 불리며, 몸이 무지갯빛으로 빛나는 사슴벌레는 무엇일까요?

11. 사슴벌레 암컷은 어디에다가 알을 낳을까요?

12. 사슴벌레 애벌레는 허물을 벗으며 점점 커져요. 이렇게 허물을 벗는 애벌레의 성장 단계를 뭐라고 할까요?

13. 사슴벌레 애벌레의 체액을 자신의 애벌레가 먹고 자라도록, 사슴벌레 알에다 자신의 알을 낳는 사슴벌레의 천적은 무엇일까요?

14. 집에서 사슴벌레를 기를 때 온도는 몇 도가 가장 적당할까요?

사슴벌레 씨, 만나서 반가웠어요. 앞으로도 자주 자주 만나요!

15. 사슴벌레를 기를 때 먹이는 어떤 것이 좋을까요?

✓ 몇 개 맞혔는지 체크해 봐요

- 12~15개 맞히면 사슴벌레 척척박사! ☐
- 7~11개 맞히면 사슴벌레 중급자! ☐
- 1~6개 맞히면 사슴벌레 입문자! ☐

66~67쪽

가설 | 사슴벌레는 자기 몸무게의 10배 정도를 들어 올릴 수 있다고 한다. 그러니 몸무게가 3그램인 사슴벌레는 무게가 3그램, 6그램, 9그램인 역기를 모두 들 수 있을 것이다.

결과 | 무게가 3그램, 6그램, 9그램인 역기를 모두 어렵지 않게 들어 올렸다. 역기가 아닌 같은 무게의 지우개와 연필로 실험했을 때도 모두 잘 들어 올렸다.

70~71쪽

❶ 큰턱
❷ 딱정벌레
❸ X (다리는 6개예요.)
❹ 겹눈
❺ ③ 참나무 등 숲(참나무, 상수리나무, 졸참나무 등 활엽수 숲에서 자주 만날 수 있어요.)
❻ 넓적사슴벌레
❼ 홍다리사슴벌레
❽ 우리나라 남부 지방과 남해안의 섬, 제주도
❾ 기라파톱사슴벌레
❿ 뮤엘러리사슴벌레
⓫ 썩은 나무에 구멍을 뚫고 알을 낳아요.
⓬ 1령–2령–3령
⓭ 홍조배벌
⓮ 25도
⓯ 곤충 젤리나 과일(바나나, 파인애플, 사과 등)을 줘요.

왕사슴벌레

톱사슴벌레

애사슴벌레

사슴벌레

넓적사슴벌레

홍다리사슴벌레

두점박이사슴벌레

로젠버기황금사슴벌레

기라파톱사슴벌레

타란두스광사슴벌레

패리큰턱사슴벌레

람프리마사슴벌레